팩트 체크 시리즈 ①
칼뱅은 정말 제네바의 학살자인가?

세움북스는 기독교 가치관으로 교회와 성도를 건강하게 세우는 바른 책을 만들어 갑니다.

팩트 체크 시리즈 ①

칼뱅은 정말 제네바의 학살자인가?

초판 1쇄 인쇄 2018년 5월 25일
초판 1쇄 발행 2018년 5월 30일

지은이 | 정요한
펴낸이 | 강인구

펴낸곳 | 세움북스
등 록 | 제2014-000144호
주 소 | 서울시 마포구 양화로 78, 502호(서교동, 서교빌딩)
전 화 | 02-3144-3500
팩 스 | 02-6008-5712
이메일 | cdgn@daum.net

교 정 | 김민철
디자인 | 참디자인(02-3216-1085)

ISBN 979-11-87025-29-0 (03230)

* 이 책은 신저작권법에 의하여 국내에서 보호를 받는 저작물입니다.
  출판사와의 협의 없는 무단 전재와 무단 복제를 엄격히 금합니다.
* 책 값은 뒷표지에 있습니다.
* 잘못된 책은 교환하여 드립니다.

칼뱅은 정말 제네바의 학살자인가?

칼뱅이 제네바의 독재자이자 학살자였다는 주장에 대한 반박

정요한 지음

목차

서론 · 6

제1부 | 잘못된 전제들 · 11
제2부 | 학살과 학대, 그리고 꽁시스투아 · 23
제3부 | 세르베투스 · 43
결론 · 71

함께 읽을 만한 책들 · 75
부록 | 세르베투스 사건 일지 · 76

서론

나치의 선전장관이자 역사상 가장 유능했던 선동가로 알려진 파울 요제프 괴벨스(1897-1945)는 다음과 같은 말을 했다고 합니다.

> 선동은 한 문장으로도 가능하지만, 그것을 반박하려면 수십 장의 문서와 증거가 필요하다. 그리고 그것을 반박하려고 할 때에는 사람들은 이미 선동되어 있다.

우리는 이 말에서 두 가지를 주목해야 합니다. 하나는 선동은 한두 문장으로 쉽게 할 수 있지만, 그것이 사실이 아님을 밝히기 위해서는 수많은 증거들을 제시해야 한다는 것입니다. 또 하나는 그렇게 공을 들여 증거를 모으고 정리해서 반박할 준비가 되었을 때에는 사람들은 이미 그 짧은 한두 문장에 선동되어 있다는 것입니다. 대중들은 선동적인 문구에 그럴듯한 증거 한두 가지가 곁들여져 있으면 쉽사리 그 주장에 매료되어 버립니다. 그리고 한번 그 주장을 사실이라고 받아들인 후에는 강력한 반증이 있다 하더라도 이를 쉽게 버리려고 하지 않습니다. 오히려 자신의 신념을 비판하려는 듯한 그 반증에 반발하고 자신의 믿음을 더욱 굳히려 하기도 합니다.

칼뱅이 제네바의 독재자이자 학살자였다는 주장도 마찬가지입니다. 괴벨스의 말과 같이 한두 문장으로 이루어진 주장은 아니지만 많은 사람들이 이 주장에 매료되어 있으며 그것을 사실로 믿고 있습니다. 이 칼뱅 학살자설을 반박하기 위해서는 각종 증거들과 문헌들을 가지고 와야 합니다. 고전 불어와 라틴어로 된 문헌들을 조사하고 제시해야 하며 이를 우리말로 옮겨야 합니다. 그런데 칼뱅 학살자설을 믿는 많은 분들이 그렇게 제시된 증거들을 받아들이지 않고, 자신들의 믿음을 쉽게 철회하지 않습니다. 오히려 칼뱅 학살자설을 주장하는 분들이 매체를 통해, 또는 예배의 설교를 통해 자신의 주장을 주기적으로 드러내고 있습니다.

이 글을 쓰게 된 계기는 어떤 분의 글을 보고 이를 그냥 놔두고 인정하면 안 되겠다는 생각에서였습니다. 그분은 한 매체를 통해 이런 주장을 했습니다. "칼뱅의 신학은 정통적이고 우리가 받아서 따를 만하지만, 그분의 사역은 따라서는 안 된다. 왜냐하면 그분은 제네바의 학살자였기 때문이다." 이런 주장이 과연 유효할까요? 이런 주장은 그 자체로 문제입니다. 왜냐하면 바른 기독교 신학은 신앙과 유리될 수 없고 그래서도 안 되기 때문입니다. 기독교는 학문 체계가 아니라 삶의 체계이며, 하나님께서 세상을 창조하시고 다스리신다는 것을 인정한다면 아는 것과 행하는 것 사이에 차이가 있을 수 없기 때문입니다. 한 사람의 삶과 사역은 그 사람의 신앙과 신학에서 비롯됩니다. 인간은 자기가 아는 대로 행할 수밖에 없습니다. 만일 칼뱅이 실제로 독재자이자 학살자였다면 그것은 그가 독재와 학살의 신학을 했기 때문일 것입니다. 그리고 그것이 사실이라면 우리는 그의 신학을 받지 말아야 합니다. 독재와 학살은 성경의 가르침과는 반대되기 때문입니다.

지난 2009년은 칼뱅 탄생 500주년이었습니다. 곳곳에서 칼뱅에 관한 연구 논문과 책자들이 쏟아져 나왔고 칼뱅의 영향을 새롭게 재조명하는 움직임들이 있었습니다. 그런데 일반 학계와 신학계를 망라한 어디에서도 더 이상 칼뱅 학살자설을 언급하지 않습니다. 칼뱅이 제네바 시정에 어느 정도의 영향력을 행사했는지와 관련해서는 아직도 서로 의견이 분분하지만, 칼뱅이 누군가를 죽이고 고문하고 학대했으며 독재를 펼쳤다는 주장은 사실이 아니라고 합의되었습니다. 왜 그런지 지금부터 살펴보겠습니다.

제1부
잘못된 전제들

『기독교강요』를 저술하는 칼뱅
Calvin compose 『l'Institution Chretienne』

　칼뱅은 정말로 제네바의 독재자요 학살자였을까요? 이런 주장을 하시는 분들은 우선 몇 가지 잘못된 전제 위에 이런 주장을 쌓아 올리고 있습니다.

　그 첫 번째 잘못된 전제는 제네바를 제정일치의 신정 국가로 생각한다는 것입니다. 칼뱅 학살자설을 주장하는 분들은 제네바가 신정 국가 비슷한 것이었기 때문에 칼뱅과 같이 종교 권력을 가진 자들이 정치 권력도 무소불위로 행사할 수 있었다고 주장합니다. 그러나 이는 16세기 제네바라는 도시 국가에 관한 오해입니다. 제네바는 신정 국가였을까요? 이 글이 역사학 논문이 아니기에 이와 관련하여 구체적인 근거와 증거를 제시하지는 않겠습니다. 결론적으로 말하자면 제네바는 칼뱅 시대 이전에 이미 오랫동안 정치와 종교가 분리된 국가였습니다. 제네바만 아니라 유럽의 많은 지역에서 이미 오래 전부터 교회가 더 이상 정치에 결정적인 영향력을 행사하지 못했습니다. 많은 곳에서 교황으로 대표되는 종교 세력이 정치 세력에 밀려났고, 정치 권력자들은 자신들의 권력과 필요를 위해 종교를 사용하였습니다. 프랑수아 1세의 경우를 보면 자신의 권력을 유지하기 위해 어느 때는 로마 가톨릭과 손을 잡아 그 세력의 도움을 얻고, 또 필요할 때는 개신교의 손을 잡고 그들을 옹호하기도 했습니다. 독일의 제후들도 마찬가지였으며 스위스와 이탈리아 반도의 도시 국가들에서도 이미 상당 부분 종교와 정치가 분리된 채 거의 모든 권력이 정치 세력에게 넘어간 상태였습니다. 물론 교황에게 파문당한 정치 지도자가 그 권력을 잃을 가능성이 있는 것도 사실이었지만 이미 시대의 흐름은 더 이상 종교가 이전 시대처럼 막강한 힘을 발휘하기 어려웠습니다.

제네바의 경우도 마찬가지입니다. 제네바에는 이미 소의회, 60인회, 200인회로 구성된 의회가 존재했으며, 제네바는 그 의회의 결의를 통해 나라를 다스리던 자유 도시 국가였습니다.[1] 정치 지도자들의 권력은 이미 종교 지도자들의 그것을 넘어선 지 오래였으

---

1 임종구, 『칼빈과 제네바 목사회』, (서울: 부흥과개혁사, 2015), 203.

며, 심지어는 교회를 다스리는 권력의 일부도 이미 의회가 가지고 있었습니다. 한 예로, 꽁시스투아는 자체를 구성하는 문제와 출교권을 가져오는 문제로 그것이 설립된 1542년부터 1555년까지 11년을 의회와 싸워야 했습니다.

제네바 교회와 제네바 시 의회는 서로 때로는 견제하고 때로는 협력하며 개혁을 위해 노력했습니다. 양측이 서로에 대한 영향력을 확보하기 위해 노력했지만 어느 한쪽이 결정적인 우위를 가져 상대방을 복속시키는 일은 16세기에는 일어나지 않았습니다. 제네바는 신정 국가가 아니었으며 칼뱅이 종교 권력을 가지고 있었던 것이 사실이라 한들, 그것이 누군가를 죽이고 투옥할 수 있는 정치 권력으로 연결되지 못했다는 사실을 먼저 이해해야 합니다.

그렇다면 칼뱅이 제네바에서 누렸던 권력은 무엇일까요? 칼뱅은 제네바에 어떤 영향력을 행사할 수 있었을까요? 칼뱅 학살자설을 주장하시는 분들은 제네바 국정에 끼친 칼뱅의 영향력을 너무 과대평가하는 경향을 보입니다. 칼뱅을 옹호하는 사람들보다 오히려 칼뱅 학살자설을 주장하는 분들이 칼뱅의 영향력과 권력을 높이 평가해 칼뱅을 거의 신성시하는 것이 아닌가 하는 생각이 들 정도입니다. 그분들은 칼뱅 '치하' 제네바에서 58명이 참수, 화형, 심지어는 껍질 벗기기 등의 잔혹한 방법으로 사형이 행해졌으며, 칼뱅이 이를 직접 명령했다고 주장합니다. 또한 칼뱅이 76명의 시민을 제네바에서 강제 추방시켰으며 칼뱅의 명령으로 투옥된 자들 때문에 감옥에 자리가 없을 정도였다고 주장합니다. 실로 막강한 권력이 아닙니까! 그런데 칼뱅이 실제로 이런 정도의 권력을 가지고 있었으며 그 권력을 휘두르는 데 주저함이 없었을까요?

칼뱅은 1509년 프랑스 북부 피카르디 지방의 누아용에서 태어났습니다. 파리와 부르주 등에서 교육을 받은 그는 친구였던 니콜라 콥의 파리 대학교 학장 취임 설교 사건과 연루되어서 도망자 신세가 되어 결국 프랑스를 떠나 망명 길에 오릅니다. 원래 스트라스부르에 가서 정착하려고 했으나 전쟁터를 피해 하룻밤만 묵으려고 했던 제네바에서 파렐을 만나게 되고, 1536년 그대로 그곳에 정착하게 됩니다. 그러나 칼뱅의 1차 사역 이후 종교개혁에 염증을 느낀 제네바 의회는 그를 추방했고, 그는 원래 가려고 했던 목적지인 스트라스부르에 2년 만에 들어갑니다. 그러나 로마 가톨릭의 공격을 견딜 수 없었던 제네바 시 의회는 칼뱅에게 "어둠 뒤의 빛"이라는 내용과 함께 다시 돌아와 달라는 편지를 보내고, 칼뱅은 "내 심장을 즉각, 그리고 신실히 주님께 바칩니다"라고 답하며 1541년 제네바로 돌아갑니다. 이후 1564년 55세의 나이로 죽음에 이르기까지 제네바에서 목회자로, 교수로서의 역할을 감당하게 됩니다.[2]

많은 분들이, 칼뱅이 제네바에서 유력자로, 공적인 지위를 가진 자로 권력을 누리며 살았을 것이라고 오해합니다. 그 생각도 이해는 됩니다. 종교개혁 2세대의 기수로서, 종교개혁 신학을 집대성했으며 이후 오백여 년 동안 대다수 개신교 신자들에게 영향을 끼치고 있으니 그가 살아 있을 당시에는 얼마나 큰 권력을 가졌겠습니까? 그러나 실상은 그렇지 않았습니다. 그는 제네바 사역 기간의 거의 대부분을 난민 신세로 살았습니다. 첫 제네바 입성(1536년) 이후 23년, 재입성(1541년) 이후 18년 만인 1559년에야 비로소 제네바 시민권을 얻게 됩니다. 그것도 공직에 나설 수 있는 피선거권은 없는 2등 시민권을 받습니다. 그리고 불과 5년 후인 1564년 하나님

---

[2] 칼뱅의 삶과 관련해서 많은 전기들이 나와 있습니다. 그중 『개혁자 칼뱅』(크리스토프 슈트롬 저, 문명선, 이용주 역, 넥서스CROSS, 2009), 『칼빈 John Calvin: A Pilgrim's Life』(헤르만 셀더르하위스 저, 조숭희 역, 코리아닷컴, 2009), 『이 사람 존 칼빈』(테아 반 할세마 저, 강변교회 청소년학교 도서위원회 역, 성약출판사, 2007) 세 권을 추천합니다.

의 부르심을 받습니다. 칼뱅은 제네바에서 공적인 지위를 얻을 수 없는 신분으로 사역을 해 나갔습니다. 슈테판 츠바이크를 위시한 칼뱅 학살자설의 옹호자들은 칼뱅이 제네바에서 온갖 공적 지위를 가지고 있었으며 종교에서만이 아닌 정치에서도 권력자였다고 주장하지만, 이는 제네바와 칼뱅의 인생을 잘못 알고 있어서 생긴 오해입니다. 그는 실제로는 그런 권력을 가질 수 없는 신분이었습니다. 그런 점에서 칼뱅 학살자설은 그 성립 자체가 불가능하다고 판단할 수 있습니다.

  칼뱅은 단순히 신학자와 목회자로서 목회를 하고 책을 쓰는 조용한 삶을 살지도 못했습니다. 칼뱅은 여러 친구들에게 보내는 편지에서 자신의 인생이 순탄치 않았음을 토로합니다. 어려서부터 공부에 무리하게 집중한 탓에 일찍부터 건강이 좋지 않았습니다. 오랜 기간 동안 위장병을 앓아 음식을 먹을 수 없어 많은 날을 하루 한 끼 정도의 식사로 버텼으며, 평생을 학질, 천식, 위장병, 두통 등 육체의 병 때문에 고통당했습니다. 제네바의 시민들은 칼뱅을 더욱 불행하게 만들었습니다. 그들은 자유를 넘어서는 방종을 즐겼습니다. 하지만 칼뱅은 그들에게 경건하고 교양 있는 삶을 요구했고, 이를 큰 짐으로 여긴 그들은 칼뱅을 몹시 적대했습니다. 그들은 수시로 칼뱅의 집 앞에 몰려가서 밤새 총을 쏴 댔고, 자신들이 키우는 개에게 칼뱅이라는 이름을 붙여 줬으며, 그 개를 시켜 길을 걷는 칼뱅을 물게 했습니다. 이런 일이 수도 없이 일어났습니다. 이런 사람을 독재자이자 학살자라고 부를 수 있을까요?

칼뱅과 시 의회 사이의 관계도 칼뱅에게 정치적 권력이 있었다는 주장을 부인합니다. 칼뱅과 시 의회의 관계가 호전된 것은 칼뱅 지지파가 의회의 다수를 차지하게 된 1555년에 이르러서였습니다. 칼뱅과 시 의회의 마찰은 제네바의 도덕 수준을 높이고자 했던 칼뱅을 위시한 목사회와 제네바에서 오랫동안 자리를 잡고 살던 부르주아로 이뤄진 애국파 또는 '제네바의 아이들'이 대립한 결과였습니다.[3] 이는 제네바 원주민과 프랑스 이민자의 갈등, 기득권을 쥐고 있던 자들과 신규 유입된 자들의 갈등이었습니다. 대다수의 원주민 부르주아들, 시 의회의 권력을 잡고 있던 자들이 칼뱅의 개혁을 반대했습니다. 종교개혁은 종교의 영역에만 머무르면 되

---

3 필립 샤프, 『스위스 종교개혁』, 교회사 전집 8권, (고양: 크리스챤다이제스트, 2004), 425.

고 일반 시민들의 삶은 자신들에게 맡기라는 것이었습니다. 그들이 원한 개혁은 로마 가톨릭과 사보이로부터 정치적으로 독립하여 간섭받지 않고 자신들이 원하는 정치를 하는 것이었지, 종교가 일반인의 삶에까지 영향을 미쳐서 종교만 아니라 윤리나 일상의 삶까지 변화시키는 것은 아니었습니다. 스트라스부르에 가서 칼뱅의 귀환을 촉구했던 장교들 중 한 사람이었던 아미 페랭도 자신의 사생활과 이혼 앞에 걸림돌을 놓았던 칼뱅에게 등을 돌렸습니다. 1549년, 바로 이 아미 페랭이 행정장관이 되었습니다. 칼뱅과 그의 동역자들에게는 고난의 시간이었습니다.

그들만 아니라 화란에서 시작해서 유럽 지역으로 번져 나가던 리베르탱과의 대립도 무시할 수 없었습니다. 현대의 어떤 분들은 이들을 자유파라 부르며 신앙의 자유와 생활의 자유를 얻기 위해 투쟁했던 자유주의자라고 표현합니다. 그러나 그들은 18세기 자유주의자들과는 다른 사람들이었습니다. 그들은 신앙이나 삶의 자유를 주장하는 수준의 자유를 요구한 것이 아니라 모든 도덕률을 폐기해야 한다고 주장했습니다.

칼뱅 시대 제네바는 전반적으로 혼란스러웠습니다. 칼뱅은 이 도시에서 "비틀거리는 공화정, 흔들리는 믿음, 미성숙한 교회"를 보았습니다.[4] 정치적인 안정을 위해서도, 교회를 바로 세우기 위해서도 도덕적인 질서를 바로 잡는 것은 매우 중요했습니다. 제네바에서 칼뱅만 그런 것이 아니라 개혁자들이 사역했던 모든 지역에서 종교적 개혁만이 아니라 도덕적 개혁이 동시에 진행되었습니다. 당시 유럽에서는 미신과 방종이 판을 쳤습니다. 샤프는 그 시절의 제네바를 다음과 같이 이야기합니다.

> 제네바는 무엇보다 복음적인 종교개혁 교리에 기반을 둔 강력한 도덕적 정부가 필요했다. 제네바 사람들은 낙천적이고 즐길 줄 아는 사람들로서 함께 모여 춤추고 노래하며 가면무도회를 즐기고 술 마시며 떠들기를 좋아하였다. 분별없는 도박, 술취함, 간음, 신성 모독, 온갖 종류의 악으로 가득 찼다. 매매춘이 국가에 의해 용인되었고 포주장(Reine du bordel, 매음굴의 여왕)이라 불리는 여자에 의해 감독되었다. 사람들은 무지하였다. 사제들은 그들을 가르치려고 노력하지 않았고 도리어 그들

---

4 위의 책, 294.

에게 나쁜 본보기가 되었다.[5]

이와 관련한 칼뱅 스스로의 목소리도 있습니다. 칼뱅의 동역자이자 제자였던 테오도르 드 베자는 칼뱅의 전기를 기록하면서 제네바 시의 상태와 개혁에의 열망을 다음과 같이 언급합니다.

> 만약에 여러분이 저를 여러분의 목사로 원하신다면 여러분 생활의 무질서를 고치십시오. 만약 여러분이 신실한 마음으로 저를 망명 생활에서 다시 부르셨다면, 여러분 가운데 만연하고 있는 범죄와 방탕함을 제거하십시오 … 제 생각에 복음의 제일 큰 적은 로마의 교황이나 이단이나 미혹케 하는 자들이나 독재자가 아니고 나쁜 기독교인들입니다 … 선행을 겸비하지 않은 죽은 믿음이 무슨 소용이 있겠습니까? 사악한 생활이 진리를 가장하고 행동이 말을 부끄럽게 한다면 진리 자체는 무슨 소용이 있겠습니까? 이제 저로 하여금 두 번째로 여러분의 고장을 버리고 떠나 새로운 망명지에서 제 고통의 쓰라림을 삭히게 하시든가 교회 안에 법이 엄격하게 지켜지도록

---

5 위의 책, 297.

해 주십시오. 순수한 훈련이 재건되게 하소서.[6]

그때나 지금이나 종교적인 개혁은 도덕적 개혁과 떼어 놓고 생각할 수 없습니다. 칼뱅은 종교의 개혁이 성공하기 위해서는 반드시 도덕의 개혁이 함께해야 한다고 생각했습니다. 교회의 예배, 공적 생활, 일상의 삶이 개혁되려면 그 바탕에 도덕의 개혁이 반드시 있어야 했습니다. 칼뱅과 그의 동료들은 일생 동안 이를 위해 싸웠습니다.

---

6 이정숙, 『제네바 컨시스토리(The Genevan Consistory) - 칼빈의 신학과 목회의 접목』, 한국기독교신학논총 18집, 한국기독교학회 편, 163. Theodore Beza, *Life of Calvin*에서 재인용.

제 2 부
학살과 학대, 그리고 꽁시스투아

제네바에서 추방당하는 칼뱅과 파렐
Farel et Calvin bannis de Geneve (1538)

　칼뱅 학살자설을 주장하시는 분들은 칼뱅이 자신이 설립한 제네바 꽁시스투아(Consistoire de Genève, 꽁시스투아 드 쥬네브)라는 조직을 수족처럼 활용해 학살을 자행했다고 주장합니다. 어떤 분들은 이 기관을 종교국, 종교감시국이라는 선정적인 명칭으로 부릅니다. 츠바이크는 꽁시스투아를 종교국이라 부르며 제네바 시민들의 모든 생활을 감시하는 경찰 기관이었을 뿐만 아니라 사소한 윤리적 일탈 행위로도 사람들을 체포해 가뒀으며 고문을 가했고 처형하는 기관이었다고 주장합니다. 또한 꽁시스투아의 구성원들은 마치 나치의 게슈타포와 같은 비밀경찰이 되어서 사람들의 일상생활 하나하나를 다 감시하다가 불온한 언사를 행하는 사람이 있으면 잡아갔다고 주장합니다. 과연 꽁시스투아는 이런 무소불위의 권력을 휘두르는 기관이었을까요? 그 구성원들은 비밀경찰이 되어서 사람들을 감시했으며 그 결과로 그들을 투옥하고 고문하며 각종 잔인한 방법으로 사형까지 집행했을까요? 칼뱅 학살자설의 진실을 알기 위해서는 이 꽁시스투아를 이해해야 합니다.

제네바 꽁시스투아(이후 치리회)는 1542년 칼뱅의 건의에 따라 설립되었습니다[7]. 그 설립 목적은 제네바 시민들을 권징하기 위함이었습니다. 현대 교회에 치리회가 존재하듯이 제네바 치리회는 제네바 교회의 치리 기관이었습니다. 칼뱅뿐만 아니라 당대 종교개혁자들은 단지 교리적인 개혁만을 개혁의 목적으로 삼지 않고 교인들의 삶 자체가 경건하고 거룩한 신자의 삶이 되도록 개혁하는 것을 목적으로 삼았습니다. 제네바 치리회는 그렇게 신자들의 경건 생활을 목표로 하여 설립되었습니다. 치리회는 목사와 정부에서 뽑아서 파송한 장로들로 구성되었습니다. 그 내용은 1541년 칼뱅이 만들어 제출한 교회법령에 근거합니다. 교회법령 3장의 제목 자체가 "정부가 치리회에 위임하고 파송한 장로인 세 번째 직분이 이어진다"입니다. 소 의회에서 2명, 60인회에서 4명, 200인회에서 6명을 선출하여 치리회를 구성하였으며, 그 자격은 "선하고 정직

---

[7] 장 칼뱅, 『칼뱅 소품집 1』, 박건택 편역, (용인: 크리스천르네상스, 2016), 597.

하며 책망할 것 없고 아무런 혐의가 없으며 특히 하나님을 경외하며 영적으로 매우 사려 깊은 이들"[8]이라 했습니다. 목사들이야 치리회 사역이 목회로 간주되어 무급으로 사역했지만, 의회에서 파송된 장로들은 회의 참석 횟수를 기준으로 사례비를 받았습니다. 또한 치리회가 공적 기관이 아니고 목사나 장로들도 공적인 지위를 가진 것이 아니어서 그들에게는 소환할 수 있는 권한이 없었기에, 누군가를 소환하기 위해서는 두 사람의 소환관이 참여했으며 회의의 기록을 위해 서기가 한 명 참여했습니다. 서기가 속기로 작성한 치리회 회의록을 회의가 끝난 후 다시 정서해서 옮겨 적는 것이 허가되지 않았기 때문에 나중에 연구자들이 이를 해독하는 데 많은 어려움을 겪게 됩니다. 마지막으로 치리회 의장의 직무는 목사 중 하나가 아닌 시에서 파견된 행정장관이 수행했습니다. 츠바이크는 칼뱅에 대해서 "최후 판결권을 독점한 왕자의 지위에 있었을 뿐만 아니라 실제로 종교국을 좌우할 수 있는 판사의 역할까지 담당하였다. 그의 성경 해석 여하에 따라 모든 죄의 유무와 경중이

---

[8] 위의 책, 598.

결정되었다"라고 묘사합니다[9]. 그러나 칼뱅은 치리회에 조언(advis)하고, 많은 경우에 그의 조언이 받아들여졌을 뿐, 치리회나 어디에서도 공적인 지위는 단 하나도 차지하지 못했습니다.

그렇다면 이 치리회가 내릴 수 있는 판결은 어떤 것이었을까요? 치리회가 실제로 사람들을 투옥시키고 추방하고 사형을 집행할 수 있었을까요? 역사는 그렇지 않다고 이야기합니다. 현대 교회 치리의 최고봉은 수찬정지에 이은 출교입니다. 성찬에 참여를 금지시키고 정말로 악한 죄를 저지르고 회개치 않는 자들에게는 출교를 시켜 그리스도인이 아니라고 선언하는 것이 현대 교회 치리의 최대한입니다. 16세기 제네바 교회의 치리는 어땠을까요? 제네바 치리회가 가지고 있었던 최대의 징계는 수찬정지였습니다.[10] 놀랍게도 제네바의 출교권은 시 의회가 가지고 있었습니다. 현대 교회보다도 한 단계 낮은 징계만을 내릴 수 있었던 것입니다. 치리회가 관여한 문제들은 일상의 윤리적 일탈 행위들뿐이었습니다. 법으로 정해진 범법 행위와 관련해서는 당연하게도 치리회가 징계의 권한

---

9 슈테판 츠바이크, 『다른 의견을 가질 권리』, 안인희 역, (서울: 바오출판사, 2009), 6.
10 샤프, 415.

을 가지지 못하고 이를 시 의회로 넘겼습니다. 어떤 분들은 제네바 치리회를 치리 법원 또는 치리 법정이라고 부르는데, 이는 다분히 오해의 소지를 불러일으킵니다. 현대 교회의 치리회도 치리 법정을 구성하고 변호인을 선임하며 판사를 세워서 심리를 진행한 후 수찬정지나 출교 처분을 내립니다. 그런 치리회를 치리 법정이라 부른다 하더라도, 어떤 사람도 그 치리 법정에서 징역형이나 사형을 언도할 것이라고 생각하지 않습니다. 그런데 이상하게도 제네바 치리회를 치리 법정이라 부르면서 이를 사형을 포함한 신체 구속형이나 추방형을 선고하는 기관이라고 생각합니다. 그러나 그렇지 않았습니다. 제네바 치리회는 현대 교회의 치리회와 같은 권징 기관이었으며 그 처벌은 현대 교회보다도 약한 수찬정지였습니다. 제네바 치리회가 출교 처분의 권한을 시 의회로부터 가져온 것은 의회에서 칼뱅파가 승리한 1555년에나 가능한 일이었습니다. 그 어떤 경우에도 치리회가 그 이상의 '형벌'을 선고한 일은 없었습니다.

위에서 언급했듯이, 칼뱅 학살자설을 옹호하는 분들은 칼뱅 시대에 58명의 제네바 시민들이 어떤 형태로든 사형을 당했고 76명은 강제로 추방당했으며 각종 잔혹한 고문들이 행해지고 감옥은 투옥당한 자들로 넘쳐 났다고 주장합니다. 또한 감옥에서의 고문이 너무나도 가혹해 스스로 목숨을 끊어 버리는 자들이 많아서 모든 투옥자들에게 계속해서 박수를 치라는 명령을 내려야 했다고 주장합니다. 고문도 대단히 생생하게 묘사해서 '정말로 저 시대에 저런 고문을 행했구나'라는 생각이 들게 만듭니다. 역사상 존재했던 모든 종류의 고문이 칼뱅 치하 제네바에서 행해졌고 무수히 많은 사람들이 그 때문에 고통받았다고 주장합니다.

이런 주장들의 근거는 무엇일까요? 우선은 한국인 저자들이 쓴 『기독교 죄악사』(조찬선 저, 평단문화사, 2000)나 『문화사』(이혜령 외 4명 저, 한국방송통신대학교, 2004) 등의 책에서 찾아볼 수 있습니다. 그러나 이 책들이 원전은 아닙니다. 출처를 찾아 들어가면 『다른 의견을 가질 권리』가 먼저 나옵니다. 이 책의 원서는 *The Right to Heresy: Castellio against Calvin*라는 제목으로 1936년 출판되었습니다. 1500년대 중반에 활동했던 칼뱅에 관한 책으로는 너무 늦게 나왔습니다. 또한 이 책은 역사서가 아닌 전기 소설입니다.

츠바이크는 칼뱅에게 적대적이었던 이전 시대 기록을 철저하게 따랐을 뿐 아니라 자신의 상상력을 덧붙여 칼뱅을 제네바의 완전한 독재자이자 피도 눈물도 없는 철혈의 사람으로 그려 냅니다. 그는 칼뱅의 초상화 한 점을 앞에 놓고서 그 그림만으로 칼뱅의 성격이 바위산과 같이 감정의 흔들림도, 어떠한 자비나 눈물도 없이 오직 자신이 가지고 있는 신학과 판단으로 제네바를 철권 통치했다고 묘사합니다. 자유를 억압하는 모든 것들을 반대했던 츠바이크에게 칼뱅이야말로 억압과 압제의 화신이었던 것 같습니다. 그런 그에게 칼뱅이 시민권도 없는 난민에 불과했다는 사실은 고려할 가치조차 없었던 것으로 보입니다. 어쨌든 이보다도 더 원전이라 할 수 있는 책을 찾아봐야 합니다. 이런 주장들의 원조라고 할 수 있는 책들은 주로 19세기 중엽, 프랑스에서 발간된 것으로 확인됩니다. 대표적으로 인용되는 책은 갈리페(J. B. G. Galiffe)의 *Nouvelles Pages d'istoire*입니다. 사실 이 책의 제목은 *Nouvelles Pages d'Histoire*입니다. 누군가가 'H'를 빼먹고 표기한 것을 인용하는 사람들이 확인하지 않고 그냥 계속 퍼다 나른 것입니다. 이 책에는 위에서 언급한 '58'이라는 숫자가 처음으로 등장합니다. 책의 저자는 칼뱅주의자들이 정권을 잡았던 기간 가운데 가장 평화로웠던 4, 5년

사이에 58명이 사형당한 것을 세었다고 주장합니다(Nous avons dit que nous en avions compté 58 pendant cette même période de quatre à cinq années, les plus pacifiques du régime calviniste).[11] 그는 이 시기에 남자가 30명, 여자가 28명 처형당했고, 13명이 교수형, 10명이 참수형, 5명은 시장에서 능지처참, 35명은 오른손이 절단된 후 산채로 화형에 처해졌다고 주장합니다. 숫자가 맞지 않는데, 잘못 표기한 것이 아니라 책에 이렇게 기록되어 있습니다. 또한 필립 샤프의 위대한 저작 교회사 전집 제8권 423쪽에도 갈리페를 인용해서 58이라는 숫자를 언급합니다. 또한 필립 샤프는 칼뱅에 대한 잘못된 소문의 진원지를 제롬 볼섹(Jerome Bolsec)으로, 19세기에 이를 되풀이해서 유포한 사람으로 오당(Audin)을 지목합니다.[12]

또한 다른 글들에서는 학살과 독재의 내용을 어떻게 묘사하고 있을까요? 먼저 필립 샤프는 1546년 4월 27일의 기록이라고 하면서 다음과 같이 묘사합니다.

---

11 J.B.G. Galiffe, *Nouvelles Pages d'Histoire Exacte Proces de Pierre Ameaux*, (Geneve: H.Gerge Libraire de l'institut, 1868), 100.
12 샤프, 258.

부모를 때린 한 소녀는 제5계명의 위엄을 지키기 위해 참수되었다. 한 은행가는 계속적인 간음으로 인해 처형되었는데, 그는 참회하면서 죽었고 정의가 승리했다고 하나님께 찬양을 돌렸다. 차퓌스라는 사람은 자신의 아이를 목사의 뜻대로 아브라함이라고 부르지 않고 클로드라고 계속 부르고, 15년 동안 아들이 세례를 받지 못하게 하겠다고 말했다는 이유로 나흘간이나 투옥되었다.[13]

또 국내에서는 칼뱅 학살자설을 옹호하는 분들이 어떤 분이 쓴 글을 인용하는데, 그 내용은 다음과 같습니다.

1542년 2월 16일자 장로 법원의 회의록이 지금까지 보존되어 있다. 그 내용을 보면 이러하다. 한 여인은 가톨릭의 책 『성자들의 생애』라는 책자를 소지하고 있다가 적발되어서 출두했고 어느 이발사는 사제에게 삭발식을 해 주었다고 고소되었다. 어느 금속공은 미사에 쓸 잔을 만들어 주었다고 적발되었고 어떤 이는 교황을 좋은 사람이라고 했다가 적발되었으며 이러

---

13 위의 책, 423.

한 사소한 것들까지도 모두 재판을 하였다(중략).[14]

이 부분들에 대해서만 간략히 반박을 하겠습니다. 먼저 갈리페는 58명이 사형을 당했다고 주장하지만, 그 선고의 주체가 제네바 치리회가 아닌 시 의회였다고 반박할 수 있습니다. 갈리페는 칼뱅이 집권하던 시기라고 이야기하지만, 위에서 계속 증명했듯이 1555년 이전의 제네바에서는 칼뱅 반대파가 항상 정치적으로 우위에 있었습니다. 갈리페는 58명의 숫자를 셌다고 하면서 그 근거로 각주에 1542년부터 1546년까지의 기록들을 제시했습니다. 이때는 '칼뱅주의자들이 정권을 잡았던' 시기도 아니었으며 '가장 평화로웠던' 시기도 결코 아니었습니다. 게다가 그는 그 근거로 "R. du C."라는 문서를 듭니다. "R. du C. 12 Decembre 1542" 이런 식으로 문서와 기록 날짜를 기술합니다. 이 날짜들을 살펴보면 다양한 요일들로 기록되어 있습니다. 문제는 제네바 치리회는 아주 특별한 경우가 아닌 이상 매주 목요일에 열렸다는 것입니다. 위에 언급한 1542년 12월 12일은 화요일입니다. 치리회가 특수한 사정 때문에

---

14 정수영, 『신약 교회 사관에 의한 새 교회사 II』, 도서출판 명현, 200.

이날 열렸을 수도 있었겠지만 치리회 기록을 살펴보면 당일 기록은 나오지 않습니다. 1542년 12월 7일 목요일과 1542년 12월 14일 목요일 기록만 등장하고 12월 12일 기록은 없습니다. "R. du C."는 제네바 치리회 기록이 아닌 다른 기록, 아마도 제네바 시 의회 회의록(Registres du conseil de Genève)이 아닌가 추정됩니다.

1542년 2월 16일 기록도 확인할 수 있습니다.[15] 다만 당일 기록을 살펴보면 '성자들의 생애'나 '삭발식'이나 '미사에 쓸 잔'이나 '교황을 좋은 사람이라 했다'는 기록은 등장하지 않습니다. 그날의 기록은 결혼에 관한 세 건의 조언과 작은 과실에 관한 조언, 그리고 당사자의 요청으로 소환을 다음 주로 연기한다는 기록이 전부입니다. 물론 위와 같은 사건들이 다른 날 기록되었을 수도 있습니다. 그러나 해당 날짜에 무슨 일이 있었는지 확인도 하지 않고 자신의 책에 실었다는 점에서, 저런 책들의 신뢰성을 의심할 수밖에 없지 않을까요? 또한 저 책에 언급한 내용과 마찬가지로 치리회가 심리한 '사건'들은 그야말로 자잘한 윤리적 일탈들이었습니다. 그리고 그 처벌은 최대치가 수찬정지였음을 기억해야 합니다.

---

15 *Registres du Consistoire de Genève*, Tome I, 1.

필립 샤프가 기술한 1546년 4월 27일 기록도 없습니다. 같은 이유입니다. 1546년 4월 27일은 목요일이 아닌 화요일이었습니다. 22일과 29일의 기록은 등장하지만 4월 27일은 없습니다. 한 소녀가 참수되고, 한 은행가가 간음으로 처형되었으며, 치리회가 이런 처형을 결정했다는 주장은 근거가 없습니다. 다만 차퓌스라는 사람의 아들 세례 문제는 다른 날짜에서 발견할 수 있습니다.

1546년 8월 26일의 기록에 아미 차퓌스(Ami Chapuis)의 이름이 등장합니다.[16] 차퓌스는 아들의 세례명을 집안의 전통에 따라 자신의 아버지인 클로드 바스타드(Claude Bastard)의 이름을 따 클로드로 짓겠다고 주장했습니다. 치리회는 차퓌스에게 세 번에 걸쳐 조언합니다. 치리회는 판결(Judgement)이나 결의(Decision)라는 단어를 사용하지 않고 조언(Advis)을 합니다. 첫 번째로는 집안의 전통에 따라서 감정적으로 이를 처리하지 말고 특히 그 아내가 타락하지 않도록 돌보라 조언했습니다. 두 번째로는 아미 차퓌스의 주장을 다른 집에서도 동조한 사건이 개혁 정신을 크게 훼손시키는 일(grosses dissolences)이라고 질책했으며, 세 번째에는 베드로나 바울

---

16 *Registres*, Tome II, 278.

등의 이름도 거부하니 아브라함이라는 이름이 아니면 세례를 주지 않겠다고 통보합니다. 여기에 반해서 차퓌스는 자신의 아이들이 성인이 되어 스스로 세례를 받을 나이가 될 때까지 15년 동안 세례를 받게 하지 않겠다고 맞섰고 시 의회는 이런 차퓌스를 사흘간 투옥합니다.

이 일은 단순히 한 사람의 사건으로 끝나지 않았습니다. 1차 소환 기록을 보면 주변 가정들이 차퓌스에게 동조해서 자신의 아이들도 가톨릭식으로 세례명을 짓겠다고 나섰으며 치리회는 폭동(rébellion)이 일어나지 않도록 조언할 방법을 고민했다고 합니다. 또한 각주를 보면 차퓌스는 세례명의 문제만 아니라 성상 소지 건으로도 고발을 당했다고 쓰고 있습니다. 차퓌스는 아마도 이 폭동과 성상 소지 문제 때문에 사흘간의 구금에 처해졌던 것으로 보입니다.

이런 기록들은 당시 제네바의 분위기를 우리에게 단적으로 전달하고 있습니다. 비록 제네바에서 이미 1532년에 종교개혁이 시작되었지만, 칼뱅의 1차 사역이 시작된 1536년부터 최소 10년, 2차 사역이 시작된 1541년부터는 5년 여의 시간이 지난 시점에 종교개혁을 거부하는 움직임이 제네바에 뚜렷하게 있었다는 것입니다. 제네바 시민들은 자신들이 오랜 시간 가지고 있었던 가톨릭의 전통을 잊지 못하고 있었고, 그 전통이 자신들에게 주었던 안정감과 기댈 곳을 종교개혁과 개신교에서는 찾지 못했던 것은 아닐까요? 눈에 보이고 손으로 만질 수 있는 성상이나 집안의 전통으로 내려오는 이름들은 거기에 기대고 의지할 수 있을 만한 어떤 물질적인 도움이 될 수 있었겠지만, 종교개혁과 개신교는 그들에게 그런 물질적인 것들을 제공하지 않았기 때문에 아닐까 싶습니다. 그리고 그것이 칼뱅과 종교개혁에 대한 거부로 나타났다는 것입니다. 칼뱅은 평생을 자신에 대한 공격 – 신학적 공격과 물리적인 공격을 동시에 수반한 – 과 싸웠으며, 치리회는 가톨릭을 그리워하고 그 전통으로 돌아가고자 하는 움직임, 종교개혁을 거부하고자 하는 움직임과 계속해서 싸워 나갈 수밖에 없었습니다. 그런 움직임이 폭동으로 구체화되는 것을 막기 위해 때로는 치리회가 수찬정지를 내렸고, 때로는 시 의회가 투옥이나 추방이라는 방법을 사용했습니다.

위에 언급한 기록들은 "Registres du Consistoire de Genève"(레

지스트르 뒤 꽁시스투아 드 쥬네브)라는 것으로 제네바 치리회 회의록이라고 할 수 있습니다. 이 회의록은 오랫동안 제네바 문서 저장소에 보관되어 있었고, 19세기 들어와서 이와 관련한 약간의 연구만이 이루어졌습니다. 그러다가 일반 사학자였다가 1980년 미국 교회사학회의 회장으로 선출된 로버트 킹던(Robert Kingdon) 교수가 본격적으로 연구를 시작했습니다. 1996년, 킹던 교수와 제자들은 중세 불어로 기록된 회의록을 읽어 내서 현대 불어로 번역했고, 이니셜들을 추적해 최대한 원래의 이름으로 복원했으며, 필요한 경우 배경에 대한 각주까지 달아서 출판을 시작했습니다. 지금은 1553년 3월 25일부터 1554년 2월 1일까지의 기록이 담긴 8권까지 출판되었습니다. 이 출판이 진행됨에 따라서 치리회의 성격이 규명되었고 칼뱅이 치리회를 사용해 철권 정치를 휘둘렀다는 주장은 사실이 아님이 밝혀졌습니다. 치리회는 제네바 시민들의 윤리적 일탈을 방지하는 기관이었습니다. 어떤 사람들은 그로 말미암아 제네바가 가장 윤리적인 도시가 되었다고 칭송하기도 했고, 어떤 사람들은 치리회가 자신들 삶의 모든 것을 규제하려 든다고 불평하기도 했지만, 어찌 됐든 치리회는 사람을 죽이거나 투옥시키는 기관이 아닌 말 그대로 치리회였습니다. 그리고 치리회의 목적은 단순히 죄를 저지른 자들을 징계하고 교회에서 쫓아내기 위함이 아니었습니다. 치리는 어디까지나 잘못을 저지른 자들이 자신의 잘못을 깨닫고 주께로 돌이킬 수 있도록 하기 위해 시행되었습니다. 칼뱅은 치리의 목적을 다음과 같이 이야기합니다.

> 그런 자들이 하나님의 말씀에 따라 이미 정죄된 것이 매우 확실하지 않은 한은, 그들 중 누구라도 택한 자의 수에서 제하여진 것처럼, 또는 이미 버려진 자인 것처럼 포기해 버리는 것은 전적으로 잘못된 일이다 … 출교를 이러한 의미로 이해해야 하겠다. 교회의 양 떼들로부터 (사람 앞에서) 단절된 자들이 구원의 희망 바깥에 내던져진 것이 아니고, 다만 그들이 이 권징을 통해 그들의 이전 생활의 더러움을 떠나 올바른 길로 되돌아올 때까지 벌을 받고 있는 것이다 … 이는 그 사람을 순간적으로 정죄함으로써 영원토록 안전케 한다는 것이다 … 우리가 할 수 있는 어떤 방법을 통해서든 – 위로와 가르침으로든지 혹은 자비와 부드러움으로든지, 아니면 하나님께 우리 자신의 기도를 드림으로써든지 – 그들이 좀 더 덕스러운 삶으로 돌아

오고, 교회의 교제와 일치에로 되돌아오도록 노력해야만 한다.[17]

그 치리의 결과는 어땠을까요? 그 결과가 단순히 공포 정치에 그쳤다면 우리는 칼뱅의 제네바 사역을 긍정적으로 평가할 수 없을 것입니다. 샤프는 칼뱅의 제네바 사역과 치리회 활동의 결과로 제네바의 모든 것이 크게 쇄신되었다고 평가합니다.[18] 그것은 단순히 종교적인 영역에서만 아니라 도덕, 물질, 문화, 사회 등의 모든 영역에 걸친 쇄신이었습니다. 우리는 쇄신된 제네바의 모습을 증인 두 사람의 목소리를 통해 확인할 수 있습니다. 한 명은 칼뱅과 같은 편에 서 있었던 사람이고 다른 한 명은 교리적으로는 칼뱅과 다른 편에 서 있었던 사람입니다. 비록 차이가 있지만 두 사람의 목소리는 같은 이야기를 우리에게 들려줍니다. 그 첫 번째 증인은 칼뱅의 제자이기를 자처했던 존 녹스입니다. 그는 친구인 로크에게 보낸 편지에서 이렇게 증언합니다.

---

17 존 칼빈, 『기독교 강요(초판)』, 양낙홍 역, (고양: 크리스챤다이제스트, 2008), 149.
18 샤프, 443.

제가 아무런 두려움도 부끄러움도 없이 말씀드릴 수 있는 것은 이곳이 '사도 시대 이후에 이 땅에 존재했던 가장 완벽한 그리스도의 학교'라는 것입니다. 다른 곳에서도 그리스도가 참되게 전파되고 있다는 것을 알고 있습니다. 하지만 저는 생활 방식과 종교가 이처럼 진지하게 개혁된 예를 다른 어느 곳에서도 본 적이 없습니다.[19]

다른 한 사람은 뷔르템베르크 루터파 교회의 발렌티누스 안드레아에(Johannes Valentinus Andreae, 1586-1654)입니다. 칼뱅 사후 50여 년이 지난 1610년 제네바를 방문한 그는 자신의 자서전에서 제네바의 모습을 다음과 같이 묘사합니다.

제네바에 있을 때 나는 살아 있는 한 기억하고 갈망할 어떤 위대한 것을 목격하였다. 그곳에는 완전한 공화국의 제도만이 아닌 보다 특별한 것이 있었는데 바로 도덕적인 치리였다 … 일체의 저주나 맹세, 도박, 사치, 분쟁, 증오, 사기 등이 금지되었는데 이보다 더 큰 죄에 대해서는 들어 보지도 못했다 … 만약 신앙의 차이만 없었다면 이들의 도덕에 동감하여 이곳에 영

---

[19] 위의 책, 446. Thomas M'Crie, *Life of John Knox*, 129에서 재인용.

원히 눌러 앉았을 것이다 … 내가 머물렀던 집 주인인 스카론 씨가 지키고 있었던 가정 내에서의 규율들이었다. 그는 매일 묵상의 시간을 가졌고, 성경을 읽었고, 그 말과 행동에 하나님을 향한 경외심이 충만했으며, 먹고 마시고 입는 일에 절제하였다. 나는 내 아버지의 집에서도 이처럼 대단한 도덕적인 순결함을 찾아보지 못하였다.[20]

---

20 위의 책, 446.

제3부
세르베투스

퐁드릴(섬다리) 위에서 칼뱅이 방종파에게 모욕당하다
Calvin instutie par des libertins sur le pont de l'Ile.

　칼뱅 시대 제네바에서 종교 문제로 처형을 당한 사람이 세르베투스 한 사람이라는 주장에는 많은 연구자들도 동의하는 것 같습니다. 제롬 볼섹이나 카스텔리옹처럼 칼뱅과 다른 신학을 주장하던 사람들이 추방당한 경우는 있었습니다. 사실 추방당한 두 사람의 경우도 평범하지는 않았습니다. 제롬 볼섹은 칼뱅의 예정론을 거부하고 결국 로마 가톨릭으로 돌아갔으며 칼뱅이 죽은 뒤 13년 후에 『칼뱅의 생애』라는 책으로 온갖 악랄한 거짓말을 퍼뜨린 장본인이었습니다.

　카스텔리옹은 칼뱅과 좋은 관계로 시작해서 나중에 갈라섰습니다. 칼뱅이 스트라스부르에 머무를 때 카스텔리옹은 그와 한집에 살기도 했을 정도로 둘은 가까운 사이였습니다. 제네바로 돌아온 칼뱅은 자신의 옛 스승이었던 코르디에 대신에 카스텔리옹을 라틴어 학교의 교장으로 추천해서 그가 초빙받을 수 있도록 도왔습니다. 그는 탁월한 언어학자였지만 신학자는 아니었습니다. 칼뱅의 예정론을 비롯한 몇 가지 견해 차이 때문에 그는 결국 칼뱅과 갈라섰었고 결국은 제네바를 떠나게 되었습니다. 칼뱅은 그를 위해 훌륭한 추천장을 써 주었지만 그는 몇 달이 못 되어 다시 제네바로 돌아옵니다. 그러나 그는 칼뱅과 제네바 목사회의 성경 해석에 반발하고 소란을 피워서 결국 시 의회에 의해 제네바에서 추방당합니다. 세르베투스 사건 이후 칼뱅을 향한 비난에 앞장섰으며 유니테리언과 일부다처제에 우호적이었던 오키노(Bernardino Ochino, 1487-1564)의 『대화』를 번역하기도 하는 등 종교개혁 정신과는 어긋나는 행보를 보이다가 1563년 48세의 젊은 나이로 사망합니다. 필립 샤프는 그의 죽음과 관련해서 "온건한 불링거마저도 오키노의 위험한 책을 번역한 사람이 세상을 떠난 것에 만족을 표했다"라고 증언합니다.[21]

이들과 달리 세르베투스는 제네바에서 화형을 당했습니다. 그런데 많은 사람들이 세르베투스 화형의 책임을 칼뱅에게 돌립니

---

21 위의 책, 534.

다. 어떤 분은 유럽은 9:1로, 미국은 5:5로 칼뱅에게 책임이 있음을 이야기한다고 주장합니다. 세르베투스 화형의 실체가 무엇인지 확인하기 위해 우선 세르베투스가 어떤 사람이었는지 알아보겠습니다.[22]

세르베투스는 칼뱅과 같은 1509년에, 지금의 스페인 지방인 아라곤의 빌라노바에서 태어났습니다. 그는 의사이자 지리학자이자 과학자이자 점성술가이자 성경 독학자였습니다. 당시의 똑똑한 사람들이 그러했듯, 그도 스페인에서 태어났지만 프랑스로 보내져서 교육을 받았습니다. 툴루즈의 대학에서 법률 공부로 학업을 시작했고, 그는 그곳에서 처음으로 성경 전권을 읽었다고 합니다. 그는 성경을 읽으면서 그것이 하나님의 말씀이며 그것을 통해서 진리에 이를 수 있다고 생각했습니다. 그러나 그의 성경 해석은 완전히 빗나가서 결국 로마 가톨릭과 개신교 모두를 잘못된 것으로 판단하고 그 둘 모두를 정죄하는 데까지 나갔습니다. 다른 모든 개혁자들에게서 볼 수 있는 회심의 경험이나 도덕적인 번뇌를 그는 한 번도 보여 주지 않았습니다. 오직 사변과 자신의 상상력만으로 성경을

---

22 이후 내용은 샤프의 교회사 전집 8권 582-682의 내용을 정리한 것임.

읽고 해석했습니다.

 1530년대 초반에 그는 이미 자신만의 삼위일체론을 가지게 된 것으로 보입니다. 그는 독일의 종교개혁가였던 오이콜람파디우스에게 끈질기게 편지를 보내서 자신의 삼위일체론을 설명하였고 오이콜람파디우스는 그런 세르베투스를 '삼위일체와 예수의 신성을 부정하는 위험한 인물'이라 평가했습니다. 또한 '하나님의 아들이 하나님 아버지와 동일하시며 함께 영원하심을 고백하라'고 그에게 권고하면서 그 고백을 하지 않으면 그를 기독교인으로 인정할 수 없다고도 말했습니다. 그러나 세르베투스는 죽음에 다다른 마지막 순간까지도 이 고백을 거부합니다.

 1531년 초에 세르베투스는 『삼위일체의 오류들에 관하여』라는 책을 냅니다. 이 책의 제목이 이 책의 내용을 여실히 보여 줍니다. 세르베투스는 이 책에서 예수가 그리스도이며 하나님의 아들이지만, 본질적으로 하나님과 동등한 분이 아니고, 인간 예수 안에 하나님이 특별하게 내재했으며, 그리스도가 높임을 받을 때에 신격화된 것이라고 설명합니다. 즉, 예수는 인간이며 하나님과 동등한 삼위 하나님의 한 위격이 아니라는 것입니다. 세르베투스는 삼위일체를 믿는 사람들을 삼신론자요 무신론자인 이단이라고 지칭했습니다. 이 책은 개신교와 로마 가톨릭 양쪽을 다 공격했으며 양쪽을 다 격분시키기에 충분했습니다. 츠빙글리와 오이콜람파디우스는 이 책을 미리부터 비판했으며, 루터는 이 책을 '끔찍하게 잘못된 책'이라 평가했고, 스트라스부르의 부처는 '가장 유해한 책'이라고 논박했으며 심지어는 강단과 강의실에서 세르베투스가 능지처참을 당해야 마땅하다고 주장하기까지 했습니다. 멜란히톤은 자신의 친구인 카메라리우스에게 보낸 편지에서 이 책과 세르베투스를 다음과 같이 언급합니다.

> 그는 실로 명석하고 예리하지만 깊이가 없다. 뒤죽박죽된 상상들에 사로잡혀 있고 자신이 논의하고 있는 주제들에 대해서도 무르익지 않았다(샤프, 614).

한마디로 세르베투스의 책과 그 책에서 주장하는 삼위일체에 대한 논리는 대다수의 종교개혁자들에게 가장 위험한 사상 중의 하나라는 평을 받습니다. 그가 기존의 정통에 대해서 그것이 모두 잘못이라 주장하며 오직 자신만이 진정한 기독교를 세울 수 있다고 생각했던 것이 아니었을까요?

스위스와 독일의 개혁자들에게 논박당한 세르베투스는 프랑스에서 미셸 드 빌뇌브라는 가명으로 활동을 시작합니다. 그는 리옹에서 프톨레마이오스의 지리학을 편집해서 출판했으며 파리에 와서는 의학 박사 학위를 받고 의사 생활을 시작합니다. 또한 특이하게 점성술가로도 활동합니다. 『시럽의 보편적 사용』이라는 책의 저자였을 것으로 알려지며, 혈액 순환 구조를 처음 밝혀내는 등 의사로는 상당히 뛰어난 활동을 보였습니다. 그러나 다른 한편으로는 점성술을 연구해서 파리 의회로부터 경고를 받았으며 다른 동료 의사들에게는 교만한 자로 여겨졌습니다. 물론 세르베투스 본인은 그들을 무식쟁이라고 공격했습니다. 그는 이후 비엔에서 의사로 완전히 정착을 합니다.

그는 1540년부터 1554년까지 비엔에서 의사이자 '독실한 가톨릭 신자'로 살았는데, 그때가 아마도 그의 인생 가운데 가장 행복한 시간이었을 것입니다. 그러나 한편으로는 삼위일체와 기독교 전통에 관한 자신의 독창적인 연구를 발전시키며 칼뱅에게 계속해서 편지를 보내 자신의 '새로운' 개신교 사상을 설명하려 했습니다. 1553년, 그는 자신을 죽음으로 이끈 결정적인 책 『기독교 회복』을 자비로 출판합니다. 먼저 바젤의 출판업자 마리누스에게 의뢰했지만 거부당하고, 이후 비엔의 출판업자 아르눌레와 자신의 처남이었던 기욤 게루에게 출판 정보를 밝히지 않겠다는 조건으로 의뢰해 출판을 진행합니다. 3, 4개월의 작업 끝에 1553년 1월 3일 출판되었으며 500권은 제노바와 베네치아로, 일부는 샤티옹으로, 나머지는 프랑크푸르트로 보내졌습니다. 칼뱅도 아마 리옹의 서적상이자 친구였던 프렐롱에게서 1권 이상을 구입했을 것으로 보입니다.

책에서 문제가 된 부분은 크게 두 가지였습니다. 하나는 이전 책에서부터 계속된 삼위일체에 대한 비판이었고, 다른 하나는 범신론적 신관이 드러났다는 점이었습니다. 세르베투스는 이전 시대와 당대의 모든 삼위일체에 관한 주장들이 전부 잘못이라며 격렬히 비판했습니다. 그는 삼위일체를 머리 셋 달린 케르베로스, 악마의 삼신론이며 세 우상을 섬기는 것이라 주장했습니다. 또한 하나님은 모든 만물 안에 계시며 그분의 본질이 만물 안에 있으면서 만물을 유지한다고 주장했습니다. 일반적인 범신론과는 차이가 있지만 그럼에도 하나님의 본질 자체가 만물 안에 있다고 주장함으로써 범신론이라 볼 수 있는 신론을 가지고 있음을 드러냈습니다. 그 밖에도 그는 아담의 후손에게 죄가 전가되는 것은 인정했지만 그 죄로 말미암는 죄책의 전가는 부인했으며 그렇기 때문에 적절한 나이, 대략 20살 전후가 되기까지는 실제적인 범죄가 불가능하다고 주장했습니다.

여기에 세르베투스 저작의 모든 내용과 문제들을 언급하는 것은 부적절하기에 이 정도로 그치겠습니다. 여하간 그는 이 책에서 기존의 정통 교리들을 대다수 실제 기독교와는 관계가 먼 헬라 철학의 결과물이라 비판하며 자기 자신만이 정통 기독교를 세울 수 있다고 주장했습니다. 세르베투스는 이 책을 출판하기 전 1546년에 이미 칼뱅에게 먼저 원고를 보냈는데, 칼뱅은 이 책의 오류들을 정정해서 답장을 보내기도 했습니다. 이 원고를 본 칼뱅은 파렐에게는 '세르베투스가 제네바에 오면 그를 살려 두지 않겠다'는 편지를, 프렐롱에게는 '이것으로 충분하니 이제 더 이상 그에게 편지를 보내지 않겠다'는 편지를 보냅니다.

반면 세르베투스 역시 칼뱅에게 많은 편지를 보냈는데 자신의 주장에 반대하는 칼뱅에게 결국은 저주로 가득 찬 내용을 썼습니다.

> 당신이 가진 삼신론적인 관념은 머리가 셋 달린 용의 환영이다. 용의 영, 짐승의 영, 거짓 선지자들의 영, 이 세 영들은 어린 양 예수 그리스도에 대항하여 전쟁을 부추기고 있다. 그리스도에 대한 당신의 신앙은 거짓이다. 당신은 세례를 통한 중생을 거부하고 사람들이 천국으로 들어가는 문을 막고 있다. 당신들에게 저주, 저주, 저주가 있기를![23]

1553년 2월, 제네바에 살고 있던 기욤 트리라는 사람이 세르베투스가 있는 비엔에 살고 있던 사촌 아르네에게 편지를 보냅니다. 기욤 트리는 '제네바는 이단을 경계하나 가톨릭은 방치한다'면서 『기독교 회복』의 한 부분을 첨부했습니다.[24] 이는 세르베투스를 언급한 내용이었습니다. 제롬 볼섹은 이 편지가 칼뱅의 구술을 받아서 쓴 것이라 주장했지만, 칼뱅은 이를 부인했습니다. 기욤 트리의

---

23 샤프, 624.
24 위의 책, 646.

편지를 받은 아르네는 이를 가톨릭 당국에 고발했습니다. 그리고 가톨릭 당국은 아르네에게 세르베투스가 그 책의 저자라는 증거를 요구하였으며 아르네는 이를 다시 기욤 트리에게 요청했습니다. 기욤 트리는 세르베투스에게 받은 편지를 제출할 수 있게 내어 달라고 칼뱅에게 요청했으나 칼뱅은 이를 거부했습니다. 그러나 기욤 트리는 그 편지가 없으면 자신의 사촌이 큰 어려움을 겪게 될 것이라서 오랜 시간 칼뱅에게 간청했고 결국은 그 편지들을 받아서 아르네에게 보내고 아르네는 이를 증거물로 제출합니다.

프랑스는 비록 대혁명 이후 정교분리 정책을 세워 이를 완전히 지키고 있지만 지금까지 프랑스의 국교라 부를 수 있는 종교는 가톨릭입니다. 특히 중세 이후 파리 대학은 가톨릭 신학의 총본산이었습니다. 16세기 프랑스는 가톨릭 국가였으며 개신교도들은 주기적인 탄압을 견뎌야만 했습니다. 미셸 드 빌뇌브라는 가명에 훌륭한 가톨릭 교도로 위장했던 세르베투스가 살고 있던 비엔도 예외는 아니어서 저 참람한 책의 저자가 그 마을에 살고 있다는 고발을 받은 가톨릭 당국은 당장 수사에 들어갔습니다. 아르네의 고발이 3월 16일날 접수되었고 약 이십여 일의 수사 후에 4월 4일 세르베투스를 체포합니다. 그러나 3일 후인 4월 7일, 동료들에게 받은 금붙이들을 몸에 지닌 채 간수에게는 잠깐 화장실에 다녀온다고 한 후 그길로 탈옥을 감행합니다.[25]

비록 사람은 도망 쳤지만 재판은 계속되었습니다. 종교 재판관들이 『기독교 회복』의 이단적 내용을 정리하는 동안 비엔 시 법정은 이를 기다리지 않고 6월 17일 판결을 내립니다. '이단 교리를 퍼뜨리고, 왕의 칙령을 어겼으며, 왕의 감옥에서 탈출했다'는 죄목으로, 1,000리브르의 벌금과 함께 그의 책들과 그 자신을 수레에 실어 장날 큰 거리를 통과하여 형장으로 가서 천천히 타는 불에 산 채로 화형시키라고 판결했습니다. 그리고 이 판결은 신속하게 실행되었습니다. 비록 사람은 없었지만 그의 형상을 닮은 허수아비를 만들어 그의 책들과 함께 당일에 바로 화형을 시행해 버렸습니다.

탈옥 후 삼 개월간 세르베투스가 어떤 곳으로 도망을 다녔는지를 재구성하기는 많이 어렵습니다. 다만 그가 최종적으로 나폴리의 스페인 거주자들 사이로 피신하기로 했던 것만은 확실한 것 같습니다. 그런데 비엔에서 이탈리아로 넘어가는 길에 그는 왜 제네

---

25 위의 책, 650.

바를 들었을까요? 알 수 없는 일입니다. 그리고 칼뱅이 설교하는 생 피에르 교회의 주일 예배에 그는 왜 참석했을까요? 역시 이해하기 어려운 일입니다. 어쨌든 세르베투스는 그렇게 했고, 그의 얼굴을 알아본 사람이 이를 칼뱅에게 알렸으며, 그는 칼뱅의 고발로 체포됩니다.

재판은 8월 15일에 시작됐습니다. 당시나 지금이나 제네바는 불어권 지역이었는데 이미 프랑스에서 학위를 받고 의사로 활동했던 세르베투스는 언어 때문에 어려움 당하는 일 없이 재판을 받을 수 있었습니다. 세르베투스는 이전에 제네바 주교관이었다가 종교개혁 이후로 감옥으로 개조된 생 피에르 교회 근처 감옥에 갇혔습니다. 비록 몸은 갇혔지만 자기 돈으로 책을 사 보기도 하고 종이와 잉크를 구입해서 글을 쓸 수도 있었습니다. 칼뱅은 그에게 교부들의 책을 빌려주기도 했습니다. 전문적인 변호사를 고용할 수는 없었지만 제네바 시 의회의 여러 의원들이 변호인을 자처했으며 칼뱅 학살자설을 주장하는 사람들이 아는 바와는 다르게 그는 고문을 당하지도 않았습니다.

세르베투스의 변호인 중 최선임 역할은 베르텔리에(Philibert

Berthelier)가 맡았습니다. 그는 칼뱅 반대파의 우두머리 중 하나였고 방종파의 수장 가운데 한 명이었습니다. 그는 이 무렵 칼뱅을 모욕하고 예배에 불참하며 여러 가지 도덕적인 범죄를 저질렀다는 이유로 출교 명령을 받은 상태였지만, 시 의회는 그를 사면시켜서 세르베투스를 변호하는 일에 종사하게 했습니다. 베르텔리에의 경우를 봐도 알 수 있듯이 이 당시 제네바에는 칼뱅을 지지하는 목사회와 칼뱅을 반대하는 시 의회의 대립이 극에 달해 있었습니다. 칼뱅은 치리회가 가질 수 있는 최고의 권한인 출교권을 치리회에 돌려 달라고 줄기차게 요구했지만, 시 의회는 이를 치리회에 넘겨주지 않는 것은 물론이고 칼뱅을 대적하는 애국파가 시 의회의 모든 권한을 움켜잡고 칼뱅의 사역에 딴지를 거는 한편, 외국에서 들어온 난민들을 무장 해제시켜 정치만이 아니라 물리적으로도 칼뱅의 신변을 위협했습니다. 시민들은 칼과 총으로 칼뱅을 위협했으며 곳곳에서 이단자라는 조롱을 칼뱅에게 던졌습니다. 제네바를 도덕적으로도 다른 도시와 국가들의 모범을 만들려고 했던 칼뱅의 의도에 반해서 제네바에서 오래 살았고 부를 축적했던 사람들, 즉 '제네바의 아이들'은 칼뱅과 대치했습니다. 아미 페랭, 베르텔리에,

피에르 방델 등이 애국파의 수장이었으며 시 의회의 권력을 잡고 있었고 심지어 행정장관은 아미 페랭이 맡고 있었습니다. 세르베투스가 처음부터 이런 상황을 알아서 칼뱅을 몰아내고 자신이 그 위치를 차지하려는 의도로 제네바에 들어왔는지는 모를 일이지만, 적어도 시 의회가 칼뱅을 축출하고 종교적 권력까지 장악하려는 의도로 세르베투스를 지원했던 것은 사실인 듯합니다. 그리고 세르베투스도 시 의회의 이런 의도를 눈치챘는지, 나중에는 칼뱅을 고소하면서 칼뱅이 소유한 모든 것들이 자신에게 돌려져야 한다고 주장했습니다. 세르베투스는 칼뱅과 적대 관계에 있었던 시 의회가 자신을 지지하고 어쩌면 자신을 칼뱅 대신 제네바의 종교 지도자로 세웠을 거라 믿었던 것일까요?

당시 제네바 법률에는 범죄자를 고소한 사람이 피고소인과 함께 감옥에 수감되어야 한다는 규정이 있었습니다. 칼뱅 측에서는 프랑스 난민이자 칼뱅의 학생이고 비서였던 니콜라 드 라 퐁텐이 이 역할을 맡았습니다. 칼뱅의 도움을 받아 고소장을 써서 제출했는데, 세르베투스가 삼위일체를 부정하며 제 이위인 그리스도의 위격을 의심하고 유아세례를 악마적인 조작이며 기독교를 허무는 일이라고 주장했다는 중요한 죄목을 포함하여 38개의 항목으로 작성했습니다. 또한 칼뱅과 관련해서는 그가 제네바에 잘못된 교리를 퍼뜨려 제네바 시민들을 잘못된 곳으로 호도한다고 세르베투스가 비방한 사실을 고소 내용에 포함시켰습니다. 세르베투스는 이를 인정하고 칼뱅과의 공개 토론을 통해서 칼뱅의 잘못을 낱낱이 드러내겠다고 도전했으며 칼뱅은 이를 흔쾌히 받아들였으나 시 의회의 반대로 토론회는 무산되었습니다. 샤프는 이를 재판이 여론에 따라 좌우될 것을 우려했기 때문이라고 해석합니다.[26]

세르베투스가 제네바에서 체포되었다는 소식은 비엔에도 전해졌습니다. 8월 31일, 비엔 정부 대표로 한 장교가 제네바에 도착합니다. 그는 세르베투스의 신병을 요구하며 "허수아비가 아니라 실물을 화형시킬 수 있도록 범인을 인도해 달라"는 비엔 정부의 공문을 전달합니다. 그러나 제네바 시의회는 "정통을 수호하는 데 개신교의 정부가 로마 가톨릭에 뒤지지 않음을 보이겠다"라며 이를 거부했습니다. 시 의회는 곧 칼뱅에게 세르베투스의 책에서 문제가 되는 부분을 라틴어 문장, 단어 하나도 놓치지 말고 발췌해 달라고

---

26 위의 책, 658.

명했으며, 칼뱅은 이를 충실히 지켜 자신의 논평은 달지 않은 발췌문만을 제출했습니다. 반면 세르베투스는 시종일관 거만한 자세로, 마치 칼뱅이 피고인이고 자신이 판사인 양 행동했습니다. 그는 칼뱅을 '범죄자, 살인자, 비열한 놈, 거짓말쟁이, 어리석은 난장이, 마술사 시몬, 범죄적인 고발자'라 부르며 조롱을 일삼았습니다.

계절이 바뀌는 9월 3일에 있을 성찬식을 앞두고 시 의회와 칼뱅 사이에 마찰이 생겼습니다. 베르텔리에가 시 의회의 사면을 받았기에 성찬을 받겠다고 주장했으나 칼뱅은 이를 거부했기 때문입니다. 베르텔리에가 사면을 받은 주의 주일, 평소와 다름없이 생 피에르 교회에서의 설교를 마친 후 칼뱅은 크리소스토무스의 글을 인용하여 이렇게 외쳤습니다.

> 하나님을 능멸하는 자로 낙인찍힌 자들에게 이 손으로 하나님의 성물들을 베푸느니 차라리 내 목숨을 내놓겠다.[27]

성찬식이 열리는 당일, 칼뱅을 지지하던 자들은 다시 한 번 제

---

27 위의 책, 442.

네바를 떠날 준비를 갖추고 예배에 참석했습니다. 이전에는 시 의회로부터 추방을 당해서 제네바를 떠났지만, 이번에는 목숨을 건 탈출을 해야 될지도 모를 일이었습니다. 그러나 다행히도, 칼뱅의 강경한 태도에 영향을 받았는지 베르텔리에는 예배당에 모습을 보이지 않았고, 이로 말미암아 세르베투스와의 싸움에서 첫 번째 승리는 칼뱅 측에 돌아가게 되었습니다.

 9월 18일, 세르베투스는 칼뱅이 자신의 책에서 찾아낸 오류들을 보고한 책에 다시 자신의 입장을 밝히는 주석을 달아서 제출했습니다. 그러나 그 내용은 대부분 욕설이었고 칼뱅을 공격하고 조롱하는 것이었습니다. 칼뱅은 더 이상 거기에 논평하지 않았습니다.

 9월 19일, 세르베투스 사건을 공개적이고 투명하게 진행하겠다고 천명했던 제네바 시 의회는 이 사건의 경위서를 베른, 취리히, 샤프하우젠, 바젤의 의회와 목회자들에게 송부했습니다. 제네바 단독으로만 이 사건을 처리하는 것이 아니라 스위스 개신교 지역 국가와 목회자들의 의견을 수렴해서 판결하겠다는 의도였습니다.

 9월 22일, 세르베투스는 시 의회에 편지를 보냅니다. 잘못된 신학을 가르쳐서 개신교 신앙과 제네바 당국을 잘못된 길로 인도했다는 명목으로 칼뱅을 고소하는 내용이었습니다.

> 칼뱅이 교회 역사의 모든 교사들에게 대항하여 예수 그리스도의 진리를 억압하고 마술사 시몬의 교리를 추종하고자 했으므로 따라서 저에 대한 거짓 고소인(칼뱅)이 처벌받아야 하며 그의 재산은 배상 차원에서 제게 돌려져야 하고 그나 저의 죽음이나 다른 무슨 처벌을 받든 간에 그도 저처럼 감옥에 투옥되어야 합니다.[28]

칼뱅을 고소하는 세르베투스의 주장이 이러했습니다. 시 의회는 이 고소를 기각했습니다.

10월 18일, 사건을 송부받은 각 지역의 의회와 목회자들로부터 답신이 도착했습니다. 네 도시의 시 의회 관리들과 목사들의 회신을 한마디로 표현하자면 '이 해악을 제거하라'였습니다. 베른에 살고 있던 할러라는 사람이 불링거에게 보낸 편지가 남아 있는데, 그의 의견에 따르면 세르베투스는 베른에서 잡혔다면 의심의 여지없이 화형당했을 것입니다. 가톨릭뿐만 아니라 개신교 국가에서조

---

[28] 위의 책, 666. 테아 반 할세마, 286.

차도 세르베투스를 사형시키라고 조언한 이유는 당시 그들이 사용하고 있었던 『유스티니아누스 법전』이 삼위일체를 부인하는 자들을 사형에 처하라고 규정하고 있었기 때문입니다(유스티니아누스 법전 1권 1.1, 1권 5). 또한 스위스 도시 국가들에서 통용되었던 카를 5세의 법률 106조에서도 신성 모독자의 신체, 생명 혹은 그 일부를 엄하게 처벌하도록 규정하고 있었습니다. 지금의 관점에서는 이해가 되지 않는 일이지만 16세기의 일반적인 관점에서는 삼위일체를 '지옥의 문지기 개'라고까지 매도한 세르베투스를 사형시키는 것이 당연한 일이었습니다.

마침내 판결을 내려야 할 때가 왔습니다. 10월 23일, 네 지역에서 온 답신을 검토하기 위해 소의회가 모였지만 세르베투스에게 불리한 판결이 내려질 것을 우려한 행정장관 아미 페랭이 병을 핑계로 불참해서 회의 자체가 무산됩니다. 26일 속개한 소의회에 참석한 아미 페랭은 이 판결은 중대한 사안이기에 200인회에 넘기자고 주장하였습니다. 칼뱅 반대파가 많은 의석을 차지하고 있던 200인회에서 세르베투스에게는 좀 더 유리하고 칼뱅에게는 좀 더 불리한 판결이 내려질 거라 기대했던 것 같습니다. 그러나 이는 거부당하고 그 자리에서 판결이 진행되었습니다. 자신의 의견을 묵살당한 아미 페랭은 행정장관 직을 사임하고 퇴장하였지만 남은 인원들은 회의를 계속해 판결을 내렸습니다. 만장일치로 세르베투스의 화형을 가결했습니다. 잔혹한 화형 대신에 참형에 처해 달라는 칼뱅의 건의는 묵살당했습니다.

다음 날, 좋은 경우라면 무죄로, 그렇지 않고 최악의 경우라 해도 제네바에서의 추방 정도를 기대하던 세르베투스에게 화형 선고의 소식이 전해졌을 때, 그는 큰 충격을 받고 정신이 나간 듯 소리를 쳤습니다. 칼뱅은 전날 밤까지도 세르베투스를 찾아가 때로는 간절히 권면하고 때로는 불같이 화를 내며 그 생각을 돌릴 것을 요구했습니다. 또한 형이 집행되기 전 제네바에 도착한 파렐은 세르베투스를 만나서 그리스도의 신성을 부인하는 태도를 버리고 회개할 것을 요청하였지만, 필립 샤프에 따르면 '생의 마지막 순간에 순교자의 용기와 일관성을 보여 준' 세르베투스는 이를 거부하고 "예수 그리스도여, 영원하신 하나님의 아들이시여, 저에게 자비를 베푸소서"라는 자신만의 신앙 고백을 부르짖은 채 세상을 떠났습니다. 그는 끝까지 '하나님의 영원하신 아들 예수'라는 고백을 거부한 채, 신성

이 아닌 인성만을 지닌 존재인 예수를 향한 신앙을 고백했습니다.

　세르베투스 화형 사건을 통해서 몇 가지를 확인할 수 있습니다. 앞에서도 이야기했지만 당시에는 이단자들에게 화형을 선고한 『유스티니아누스 법전』이 보편적으로 받아들여졌습니다. 이는 로마 가톨릭과 개신교가 다르지 않았는데 기독교의 교리와 전통을 수호한다는 점에서 양측 모두 자신들이 참된 진리의 수호자임을 자처했기 때문으로 보입니다. 비록 루터를 포함한 몇몇 개혁가들이 시대를 뛰어넘어서 사상 때문에 사형당하는 것은 부당하다고 주장했으나 사회의 보편적 통념과 가치관을 뛰어넘기는 어려웠습니다. 칼뱅도 마찬가지였습니다. 많은 부분에서 시대를 뛰어넘은 것으로 보이지만, 그 역시 시대의 아들이었습니다. 화형을 참수로 낮추자고 요구하기도 하고 파렐과 함께 세르베투스를 설득하기도 했지만, 화형을 언도하고 집행한 시 의회의 결정도, 삼위일체를 부정하는 자신의 주장을 고수하고자 하는 세르베투스의 고집도 꺾을 수 있는 능력이 그에게는 없었습니다.

　세르베투스 화형에서의 칼뱅의 역할과 책임과 관련하여 많은 사람들이 여러 가지 주장과 의견을 냅니다. 그 판단은 각자의 몫일 것입니다. 다만 이 글에서는 다음의 몇 가지만큼은 확실하다고 주장하고 싶습니다. 세르베투스 재판에서 칼뱅의 역할은 자문과 조언이었다는 점, 극형을 면해 주자는 칼뱅의 건의를 묵살하고 화형을 언도하고 집행한 것은 시 의회였다는 점, 그리고 이단자의 화형이 지금의 관점에서는 이해할 수 없는 일이지만 당대에는 법적으로도 사회 통념상으로도 문제가 없는 결정이었다는 점입니다.

세르베투스 처형과 관련된 몇 통의 편지들이 지금까지 남아 있습니다. 어떤 분들은 그 편지들을 들어서 칼뱅이 세르베투스 화형의 판관이었다고 주장합니다. "세르베투스가 제네바에 오면 그를 살려 두지 않겠다"(1546), "내 친구 니콜라스가 그를 소환하여 … 처형이 내려지기를 희망한다"(1553), "내가 세르베투스를 죽게 한 것처럼, 우리를 대적하는 괴물들은 죽게 해야 마땅할 것이다"(1561). 앞의 두 편지는 각각 *Calvini Opera*에서 확인됩니다. 첫 번째 편지는 칼뱅이 『기독교 회복』 원고를 읽은 후 그것을 평가하며 세르베투스 판결이 진행되는 동안 쓴 것입니다. 앞의 두 편지를 통해서는 각각 세르베투스의 판결에 관하여 칼뱅에게 주된 책임이 있다고 보기는 어려울 듯합니다.

1546년 편지 이후에는 세르베투스에게 더 이상 답장하지 않겠다는 내용의 편지가 등장합니다. 문제는 세 번째 편지인데, 세르베투스와 같은 이단들을 모두 박멸하겠다는 칼뱅의 강력한 의지를 보여 주는 듯합니다. 칼뱅은 정말 이런 의지를 표명했을까요? 그러나 놀랍게도 이 편지는 어디에서도 찾아볼 수 없습니다. 이 편지를 파에트(Paet)라는 사람에게 보냈다고 하는데, 칼뱅 서신 어디에서도 파에트라는 사람에게 보낸 편지를 찾을 수 없습니다. 여러 가지 사실에 한 가지 거짓을 슬쩍 끼워 넣어 그 거짓도 강력한 사실인 것처럼 속이려는 것일까요?

『세르베투스 논박』과 관련해서도 어떤 분들은 이렇게 주장합니다.

> 누구든지 이단들과 신성 모독자들을 죽이는 것이 옳지 않다고 생각하는 자는 의도적으로 죄를 짓는 것이다 … 하나님의 영광을 위해서 싸우는 일에서는 인간성을 잊어버리고 … 우리가 잔인해질 것을 명령하신다 … 인간성은 우리의 기억에서 거의 지워져야 한다 … 많은 사람들이 내가 이미

망한 사람을 다시 죽이는 것을 … 침을 뱉는다는 사실에 기뻐한다(Calvin, *Defensio*, 1554).

이는 *Calvini Opera* 8권 476쪽에 나온다고 합니다. 찾아봤더니 여기는 이단을 징계해야 할 권한이 세속 정부에 속해 있으며 정부는 이 권한을 사용해야 한다는 주장이 이어지는 부분입니다. 『세르베투스 논박』은 이미 박건택 교수가 번역한 『칼뱅 소품집 2』에 포함되어 출판되었습니다. 위의 부분은 790쪽에 등장합니다. 그 부분만 옮겨 보면 다음과 같습니다.

> 그가 이토록 굽히지 않는 극단적인 엄격함을 요구하는 이유가 무엇인가? 그것은 모든 인간적 관점보다 그의 예배를 더 좋아하지 않는 한, 우리가 합당하게 그를 결코 영예롭게 할 수 없음을 보이기 위함이 아니고 무엇이며, 우리가 그의 영광을 위해 싸울 때, 친척이나 피나 그 무엇도 아끼지 않고 모든 인간성을 망각하기 위함이 아니고 무엇인가?(이하 신명기 13:12-16 인용)[29]

---

[29] 장 칼뱅, 『칼뱅 소품집 2』, 박건택 편역, (용인: 크리스천르네상스, 2016), 790.

이 부분은 인간성을 망각해야 한다고 칼뱅이 선동하는 구절이 아니며 하나님께서 명령하시는 내용이라고 설명합니다. 그리고 앞뒤 문맥에서, 그 명령을 집행하는 것은 칼뱅이나 교회가 아닌 세속 정부라고 주장합니다. 게다가 "많은 사람들은 내가 파괴한 사람을 내가 '다시' 죽이고 싶어 한다는 잔학성에 대해 나를 비난하고 있다. 나는 그들의 말에 관심이 없을 뿐만이 아니라, 나는 그들이 내 얼굴에 침을 뱉는다는 사실에 기뻐한다"라는 표현도 등장하지 않습니다. 이 부분 역시 진실과 거짓을 섞어서 모든 부분을 진실이라고 여기게 만들고자 한 의도가 아닐까요? 책을 인용해서 자신의 주장을 뒷받침하려면 그 부분이 어떤 맥락에서 어떤 의미로 쓰였는지를 먼저 파악해야 합니다. 앞뒤 문맥은 없애 버리고 한 구절, 한 단락만 떼어 가져와서 왜곡하면 안 된다고 생각합니다. 성경도 문맥에 따라 읽고 해석해야 하지 않습니까!

또한 심지어는 삼위일체를 반박한 세르베투스를 고발한 칼뱅도 삼위일체를 믿지 않았다는 주장까지도 있습니다. 스탠포드 리브스 교수라는 분이 *Calvini Opera* 9권 647쪽 칼뱅의 편지 가운데 일부를 인용해서 근거로 삼고 있는데 그 본문은 이렇습니다. "Precatio vulgo trita: Sancta trinitas unus Deus miserere nostri, mihi non placet, ac omnino barbariem sapit." 이를 간략히 번역하면 다음과 같습니다. "보통, '거룩하신 삼위일체, 우리 하나님이여, 우리를 불쌍히 여기소서'라고 기도하는데, 나는 이를 기뻐하지 않으며, 이 말은 모두 야만적이다." 이를 가지고 칼뱅이 삼위일체라는 말을 야만적이라 표현했다고 주장합니다.

  이 글을 읽고 리브스 교수에게 직접 메일을 보내 확인했더니 답변이 왔습니다. 그 내용은 대략 다음과 같았습니다. "거룩하신 삼위일체 안의 한 분 하나님 우리를 불쌍히 여기소서"라는 문장을 '거룩하신 삼위일체'와 '한 분 하나님 우리를 불쌍히 여기소서'로 나눈 후 칼뱅이 한 분 하나님께 불쌍히 여겨 달라는 기도를 야만적이라 했을 리가 없기에 '거룩하신 삼위일체'를 야만적인 것이라 했을 것이 분명하다는 말이었습니다. 그 이유는 '야만적인'이라는 단어는 배우지 못한 자들에게 붙이는 단어인데, 삼위일체라는 말을 쓰는 사람들은 배우지 못한 사람들이기에 칼뱅이 그것을 야만적이라고 했다는 것입니다. "왜냐하면 예수는 하늘의 아버지에게 기도하라고 가르치셨지 삼위일체에게 기도하라고 가르치시지 않았기 때문에 있지도 않은 것을 말하는 것은 배움이 없는 것이다"라는 설명이 었습니다.

말하자면 둘로 나눌 수 없는 하나의 문장을 둘로 나눈 후 뒤의 것은 틀리지 않으니 앞의 것이 틀렸을 것이라 해석한 것입니다. 스탠포드 리브스 교수는 삼위일체를 부인하는 유니테리언입니다. 칼뱅이 학살자라고 주장하기 위해서 심지어는 이단의 주장까지도 가지고 와야만 했던 것일까요?

결론

역사에 관해서 논쟁하려면 몇 가지 바른 전제를 가지고 있어야 합니다. 우선 가장 중요한 전제는 '과거의 일을 현재의 잣대로 판단해서는 안 된다'입니다. 과거의 행위는 그 당시의 잣대로 판단해야 합니다. 이 시대의 잣대로 당시의 행위를 비합리적이며 잘못된 것이라 여기면 역사적 사실들에 대해서 논의할 수 없게 됩니다. 칼뱅 시대를 판단할 때도 현재의 잣대로 당시를 판단하려 들어서는 안 됩니다.

또한 그만큼이나 현대가 가지고 있는 선입관 안에서 과거를 판단해서도 안 됩니다. 제네바 정치가 신정정치였을 거라 생각해 버리는 것이 대표적인 예입니다. 과거는 과거 그대로 확인해야 합니다.

그렇게 하기 위해서는 무엇보다도 먼저 1차 사료를 면밀하게 독서해야 합니다. 역사 논쟁에서 가장 중요한 것은 해석이 아닙니다. 해석 이전에 먼저 1차 사료를 면밀히 읽어 내는 것이 중요합니다. 그 사료를 오독하고 있다면, 또는 아예 읽지 않았다면 해석을 언급할 필요조차 없습니다. 누가 더 정확히 읽어 내느냐, 누가 더 정확히 우리말로 옮길 것이냐가 가장 중요합니다. 칼뱅 학살자설의 가장 큰 약점이 바로 여기에 있습니다. 우리는 마음만 먹으면 칼뱅 시대의 1차 사료들을 확인할 수 있습니다. 그런 상황에서 갈리페나 오당, 필립 샤프와 같은 2차, 3차 사료들을 근거로, 또는 사료에 포함시킬 수 없는 전기 소설인 츠바이크의 글을 근거로 칼뱅 학살자설을 주장한다면, 이는 주장하는 자의 지적 게으름을 스스로 증명하는 것에 불과하지 않을까요?

칼뱅에 관한 사악한 중상모략의 시작은 다른 누구보다도 제롬 볼섹일 것입니다. 제롬 볼섹은 칼뱅의 예정론만 반대한 것이 아니라 종교개혁 자체를 반대해서 결국에는 가톨릭으로 재개종을 합니다. 그는 가는 곳곳마다 흉포한 성격과 행동으로 사람들에게 미움을 받고 추방당했던 사람이었습니다. 그는 가톨릭 카르멜회의 수도사 출신에서 개신교로 돌아서서 페라라의 공작 부인에게로 도망친 후 의사로 생계를 꾸려 나가다가, 흉폭한 성격과 행동으로 미움을 받고 속임수를 썼다가 공작 부인에게서도 쫓겨났습니다. 제네바로 피신해서는 의사로서 사람들을 치료했지만 칼뱅의 예정론, 특히 영원한 유기로의 작정을 공개적으로 비판하며 대중 집회에서 소란을 피우다 체포되었습니다. 이웃 도시들과 츠빙글리, 불링거 등의 개혁자들에게 의견을 구한 결과 1551년 12월 23일, 제네바 의회는 그를 추방하기로 결정했습니다.

  이후 그는 베른에서 은거하다가 다시금 새로운 소동을 일으켜서 그곳에서도 추방당했으며 프랑스로 돌아가서는 거기서 개혁파 교회의 목사가 되고자 했으나 마침내는 가톨릭으로 돌아갔습니다. 1563년 리옹에서 열린 전국 대회에서 '악랄한 거짓말쟁이', '배교자'로 규정되었습니다. 이후 리옹과 오툉 근처에서 살다가 1584년 안시에서 죽습니다. 칼뱅이 죽은 지 13년 후 그는 『칼뱅의 생애』라는 책을 발간했습니다. 지금까지의 칼뱅에 관한 각종 악의적인 소문은 이 책에서 기인한 것으로 보입니다. 필립 샤프는 이 책을 칼뱅에 관한 "오류와 악의로 가득 차 있"으며, 칼뱅에게 "비열하고 비겁한 보복을 가"했으나, 칼뱅보다 볼섹 자신에게 "더 많은 피해를

입혔다"고 평합니다.[30] 이를 억압에 대한 자유로운 행위로 받아들인 19세기 학자들이 다시 한 번 확대 재생산해 내고 지금도 그 거짓말은 사라지지 않은 채 많은 사람들로 하여금 칼뱅에게 학살자라는 오명을 뒤집어 씌우게 합니다. 그들에게 이 글과 모든 사람의 비판은 두려워하지 않더라도 다음의 한 문장만은 두려워하라는 권고를 남기며 글을 마칩니다.

> 네 이웃에 대하여 거짓 증거하지 말래(출애굽기 20:16).

---

[30] 샤프, 528.

함께 읽을 만한 책들

송용원, 『칼뱅과 공동선』, 서울: 한국기독학생회출판부, 2017.
임종구, 『칼빈과 제네바 목사회』, 서울: 부흥과개혁사, 2015.
장 칼뱅, 『칼뱅 기독교강요/1541』, 박건택 역, 용인: 크리스천르네상스, 2015.
_____, 『칼뱅 소품집 1, 2』, 박건택 편역, 용인: 크리스천르네상스, 2016.
존 위티 주니어, 『권리와 자유의 역사』, 정두메 역, 서울: 한국기독학생회출판부, 2015.
존 칼빈, 『기독교강요 초판』, 양낙흥 역, 고양: 크리스챤다이제스트, 2008
크리스토프 슈트롬, 『개혁자 칼뱅』, 문명선, 이용주 역, 서울: 넥서스CROSS, 2009.
테아 반 할세마, 『이 사람 존 칼빈』, 강변교회 청소년학교 도서위원회 역, 서울: 성약출판사, 2007.
테오도르 베자, 『존 칼빈의 생애와 신앙』, 김동현 역, 서울: 도서출판 목회자료사, 1999.
필립 샤프, 『스위스 종교개혁』, 교회사 전집 8, 박경수 역, 고양 : 크리스챤다이제스트, 2004.
헤르만 셀더르하위스, 『칼빈, *John Calvin:A Pilgrim's Life*』, 조숭희 역, 서울: 코리아닷컴, 2009.

| 부록 |

세르베투스 사건 일지

1509	출생.
1528(?)	후안 콴타나(프란체스코 수도사, 카를 5세의 고해 신부)에게 고용.
1530 가을	면직당함. 이단이라는 의심을 받음.
	바젤로 이주, 오이콜람파디우스에게 인정받으려 했으나 실패. "하나님의 아들이 아버지와 동일하시며 함께 영원하심을 고백하지 않으면 기독교인으로 인정할 수 없다."
1531.7.	『삼위일체의 오류들에 관하여』 출간, 신·구교 양측을 격분시킴.
1532	독일 황제가 위의 책 금서령을 내림.
	이신칭의에 대한 논문 출간. 이신칭의를 부인하고 루터파와 츠빙글리파 모두 '교회의 폭군들'이라 칭함.
1534	파리에서 칼뱅에게 논쟁을 벌이자고 도전했으나 정작 본인은 장소에 나타나지 않음.

1535	리옹, 『프톨레마이오스 지리학』 편집, 출판. 지정학적 묘사.
1536	파리, 의학 박사 학위 취득.
1537	시럽의 의약적 사용에 관한 논문 발표. 혈액의 순환계에 대해서 최초로 서술.
1538	대학에서 지리학과 점성술 강의. 파리 의회가 점성술을 금함
1540	비엔으로 이주. 의사.
1542	『파그니누스의 라틴어 성경』 편집 출간. 구속사적 성경 해석의 원형을 보임.
1542-1546	칼뱅과 여러 서신 교환.
1546.2.13.	칼뱅이 프렐롱에게 세르베투스에 관한 마지막 서신 보냄. 세르베투스에게 더 이상 편지하지 않겠다는 내용.
?	칼뱅이 파렐에게, '세르베투스가 제네바에 오면 그를 살려두지 않겠다.'
1548	칼뱅이 비레에게, '이 고집 센 이단자와 더 이상 관계를 가지지 않겠다.'
	세르베투스가 아벨 푸펭(제네바의 목사)에게, '삼위일체는 케르베로스이며 사람들이 천국으로 들어가는 것을 막는 당신들(제네바의 목회자들)에게 저주가 있기를!'
1553	『기독교 회복』 출간.
2.	기욤 트리가 사촌 아르네에게 '가톨릭은 이단을 방치한다'는 내용의 편지를 보냄.
3.16.	세르베투스에 대한 고소장 접수.

4.4. 비엔에서 체포.

4.7. 탈옥.

6.17. 비엔에서 세르베투스에게 화형 판결이 내려짐. "그의 책과 함께 그를 수레에 실어 장날 큰 거리를 통과해 형장으로 가서 천천히 타는 불에 산 채로 화형시키라."
선고 당일 세르베투스 대신 허수아비를 만들어 그의 책들과 함께 화형 집행.

7. 제네바 도착.

8.13. 칼뱅이 설교하는 주일 예배에 참석했다가 체포됨. 생 피에르 교회 근처의 감옥에 억류.

8.15. 재판 시작. 불어. 니콜라 드 라 퐁텐이 38개의 항목으로 된 고소장 제출. 세르베투스가 칼뱅에게 보냈던 원고와 출간된 책을 증거물로 함께 제출. 세르베투스는 칼뱅에게 공개토론회 요구. 칼뱅은 동의했으나 시 의회가 반대함.

8.16. 베르텔리에가 세르베투스 옹호.

8.17, 21. 칼뱅이 재판정에 출두, 세르베투스와 논쟁 벌임.

8.22. 검찰 대표인 클로드 리고에게 사건이 이첩됨. 30개 항목의 새로운 기소문 작성. 사상보다는 그 실천적 폐단에 주목.
비엔에 세르베투스에게 부과된 혐의를 알려줄 것을 요청.

8.23. 세르베투스가 자신의 혐의에 대한 청원서 제출.

8.31. 비엔에서 세르베투스의 혐의에 대한 답신과 함께 범인을 인도해 줄 것을 요구하는 답신이 도착. 세르베투스는 제네바에

	서 재판 받기를 요청. 제네바 시 의회는 비엔의 요구 거부.
9.1.	칼뱅과 세르베투스의 대면.
	베르텔리에가 세르베투스 변호.
	시 의회는 칼뱅에게 세르베투스의 책에서 이단적인 부분을 발췌할 것을 지시.
	시 의회는 베르텔리에가 9월 3일 열릴 성찬에 참석할 수 있도록 허가할 것을 칼뱅에게 요구.
9.2.	칼뱅, 베르텔리에에게 성찬 베풀기를 거부함.
	칼뱅, 세르베투스의 책에서 이단적인 사상 38개의 항목을 뽑아서 제출.
9.3.	일요일. 칼뱅은 출교당한 자(베르텔리에)에게 성찬 베푸는 일을 자신의 목숨을 걸고 거부하겠다고 천명. 베르텔리에는 예배당에 나타나지 않음.
	세르베투스, 칼뱅이 자신의 글에서 발췌한 38개 항목에 대한 답변서 작성. 재판 과정에 칼뱅이 개입한 것을 어처구니 없어 하며 칼뱅을 마술사 시몬, 범죄적인 고발자, 살인자라고 조롱함.
9.4.	베른, 취리히, 샤프하우젠, 바젤 등 4개 도시 관리들과 목회자들에게 이 사건을 송부해서 조언을 듣기로 결의함.
9.5.	칼뱅이 다시 이에 관한 답변서 작성. 모든 종교를 전복시키려 한다고 비난함.
9.15.	세르베투스, 칼뱅이 자신을 박해한다고 비난. 변호사와 함께

	200인회에서 자신의 재판을 속개할 것을 요구.
9.18.	칼뱅의 답변서에 다시 욕설로 가득한 각주를 달아서 제출.
9.19.	위 4개 도시에 사건 기록 송부.
	세르베투스는 칼뱅이 자신과 마찬가지로 투옥되어야 하며 자신이 재판에 승리하면 칼뱅에게 돌려졌던 모든 것들이 자신에게 돌려져야 한다고 주장함.
10.10.	세르베투스가 의복에 대해서 불평. 시 의회에서는 그에게 새로운 의복을 제공.
10.18.	위 4개 도시로부터 답신 도착. '이 해악을 제거하라.'
10.23.	선고를 위해서 모였으나 행정장관인 아미 페랭이 병을 이유로 불참. 무산됨.
10.26.	재소집. 아미 페랭이 200인회로 사건을 넘기자고 건의했으나 반대됨. 아미 페랭 및 칼뱅 반대파 의원 사퇴. 화형 선고. 칼뱅이 파렐에게 보낸 편지에 따르면 화형에서 참수형으로 낮춰 줄 것을 요구했으나 시 의회가 거부.
10.27.	화형 집행. '영원하신 하나님의 아들 예수여, 나에게 자비를 베푸소서.'